Shaveta Bhatia

Proteja-se de um ataque cibernético

Shaveta Bhatia

Proteja-se de um ataque cibernético

ScienciaScripts

Imprint

Cover image: www.ingimage.com

This book is a translation from the original published under ISBN 978-620-2-05581-9.

Publisher:
Sciencia Scripts
is a trademark of
Dodo Books Indian Ocean Ltd. and OmniScriptum S.R.L publishing group

120 High Road, East Finchley, London, N2 9ED, United Kingdom
Str. Armeneasca 28/1, office 1, Chisinau MD-2012, Republic of Moldova, Europe
Printed at: see last page
ISBN: 978-620-7-93747-9

Resumo: -

Os dispositivos electrónicos e as máquinas com capacidade de processamento de dados tornaram-se invenções da era moderna, mas, no mesmo contexto, práticas como a duplicação de dados, o endurecimento e a ocultação de dados mostram a criticidade e o outro lado do mundo cibernético. A partilha de dados, as videoconferências e as chamadas telefónicas e muitas outras facilidades que tornam a vida muito confortável e relaxante são o próprio mote do desenvolvimento desta tecnologia significativa. Nesta era digital e conectada, em que tanto as organizações como os indivíduos precisam de partilhar e armazenar grandes quantidades de dados, é necessário manter os dados confidenciais e protegidos contra o acesso não autorizado. Este capítulo fornece informações e conhecimentos sobre como assegurar e proteger os dados. Levanta a questão de saber se o software pago funciona realmente ou se é apenas uma forma de ganhar dinheiro.

PALAVRAS-CHAVE

Computação segura e mundo informático, hackers, crackers, ameaças baseadas na Internet, ameaças a aplicações Web, ataques de malware, mascaramento de dados, dicionário de hackers

1. INTRODUÇÃO

Atualmente, a segurança contra a cibercriminalidade é um grande desafio para os serviços Web. Todos os dias há notícias sobre ciberataques a sítios Web governamentais e a outros gigantes da tecnologia, como a Microsoft, a Apple, etc., cujo principal motivo é exigir elevados resgates. As pessoas gostam de instalar antivírus gratuitos ou não pagos e outros serviços Web para se protegerem de códigos indesejados na Internet, mas não estão conscientes das tarefas e do trabalho de retaguarda destes programas pagos que tornam o sistema vulnerável a ciberataques. No entanto, a preocupação não se prende apenas com estes produtos gratuitos, mas também com os vários sítios Web infectados que são utilizados e acedidos por todos. Controlar o acesso a esses serviços Web é um desafio nos dias que correm.

Mas, afinal de contas, não se trata de uma lei de Newton ou de uma regra para calcular a velocidade da luz, é possível proteger-se facilmente de ser pirateado e, se todos estiverem seguros, a nossa nação também se tornará uma "zona livre de piratas informáticos". Para nos protegermos de todas estas tarefas desagradáveis e de várias actividades, devemos instalar um programa antivírus aprovado e actualizá-lo regularmente, uma vez que as novas ferramentas e actualizações proporcionam uma melhor proteção. Também se pode executar alguns comandos simples e regulares como chkdsk, sfs/f, temp e muitos outros que não permitirão que os sectores defeituosos cresçam no disco rígido. Mas se for observada qualquer atividade defeituosa, não é necessário qualquer esforço, uma vez que todos os sistemas operativos, especialmente o Windows, podem ser enraizados, se necessário. Esta caraterística é tratada como o poder supremo de sair de qualquer ataque ou contratempo, mas não se deve parar as mãos para iniciar o agni5 (ou seja, RESET). Até agora, a discussão acima fala sobre os fundamentos de um PC rachado, pode-se chamá-lo como um "problema de bebê" sob o vaso "Cyber World". Mas e se o problema estiver para além do que se pensa? Os peritos cibernéticos têm algumas soluções para melhorar a situação, as quais serão explicadas neste capítulo. Mas não se deve esquecer que nem sempre existe apenas uma solução para lidar com um problema de cibersegurança. Basicamente, a cibersegurança lida com quatro áreas principais:

1. Confidencialidade: - Significa que apenas os funcionários autorizados de uma organização podem aceder à informação e aos recursos, de modo a manter a confidencialidade dos dados.
2. Integridade: - As modificações e alterações são efectuadas por utilizadores autorizados e feitas por utilizadores autorizados e autenticados, conforme necessário .
3. Disponibilidade: - Os dados devem estar sempre disponíveis quando são solicitados pelos utilizadores.

4. Autenticação:- A autenticação significa que o membro está registado e tem determinados direitos para ver e alterar os dados.

1.1 Porque é que a segurança informática é tão importante?

A segurança dos dados é uma área da tecnologia e gestão da informação que é frequentemente utilizada para proteger e fornecer dados de forma fiável. No mundo atual, é muito importante proteger dados e informações, tais como dados bancários, informações sobre cartões de crédito, identificações e pins e documentos oficiais, contra o roubo cibernético. Os dados num computador também podem ser utilizados indevidamente e alterados por uma intrusão não autorizada. Um intruso pode modificar e alterar o programa e os códigos-fonte e pode também utilizar fotografias, vídeos e contas de correio eletrónico para criar conteúdos depreciativos, como imagens pornográficas, falsas contas sociais enganosas e ofensivas .

2. CÁLCULO SEGURO

A computação segura é o processo de impedir a utilização e o acesso não autorizados a uma rede ou computador. Inclui procedimentos e técnicas que impedem que intrusos e atacantes utilizem (ou acidentalmente acedam a) recursos informáticos para fins maliciosos ou para seu próprio benefício.

Computação segura é um termo que descreve a integridade, a segurança dos dados, as medidas de segurança e outros factores que podem causar danos aos nossos dados sob a forma de roubo, utilização indevida e alteração. Como qualquer outro ativo empresarial, os sistemas de informação, o hardware, o software, as redes e outros recursos de dados devem ser protegidos e assegurados para garantir a qualidade, o desempenho e o valor para a organização. A gestão da segurança é a forma administrativa de garantir a exatidão, a integridade e a segurança dos activos de informação. Quando existem medidas de segurança eficazes e são tomadas atempadamente, podem reduzir os erros, as fraudes e as perdas, o que pode significar muito para os indivíduos.

2.1 Factores que afectam a segurança no cálculo

A segurança na utilização de dispositivos electrónicos e computadores é um desafio, uma vez que a cibercriminalidade atingiu um nível que se tornou um grande desafio. Os piratas informáticos, os cavalos de Troia e outras ferramentas cibernéticas causam uma enorme perda potencial de riqueza e dinheiro que pode facilmente destruir uma pessoa em termos financeiros. Fazer uma cópia de segurança das informações relacionadas com a conta do Facebook é um pouco mais fácil, uma vez que se trata de uma questão individual, mas, por outro lado, fazer uma cópia de segurança de uma base de dados é uma tarefa entediante e difícil. Armazenar, aceder e modificar dados são algumas das tarefas de um empregado que só podem ser efectuadas se este estiver autorizado a fazê-lo. A este nível, uma organização pensa na importância da computação segura e adopta algumas medidas para garantir a segurança dos dados sensíveis.

2.2 HACKER CONTRA CRACKER

Os hackers são os programadores inteligentes que se ocupam da criação de evacuações entre conjuntos de códigos ou programas. Evacuação significa a forma mais segura de sair de algo. De acordo com Eric Raymond, autor do "The New Hacker's Dictionary", um hacker é um programador inteligente. Um "bom hack" é uma solução inteligente para um problema de programação, e "hacking" é o ato de o fazer. Um hacker tem a ideia de roubar dados da nossa vida quotidiana e simplesmente aplica-os à necessidade desejada. Para compreender isto, tomemos o exemplo de um tubo de borracha que tem apenas uma saída. Para aceder à água, um pirata informático faz um furo nesse tubo e surge uma nova saída através da qual pode aceder facilmente à água.

O principal benefício por detrás da mente de um hacker é o facto de querer simplesmente roubar e obter acesso a informações confidenciais de uma pessoa ou empresa que possam ser cruciais e sensíveis, de modo a que qualquer pessoa possa pagar pelo material que é pirateado ou roubado pelos hackers.

Hacker também pode ser definido como um grupo ou indivíduo ou uma máquina ou dispositivo automatizado que trabalha para roubar dados sem estar autorizado a fazê-lo.

Alguns piratas informáticos são contratados e supervisionados pela organização ministerial para satisfazer as suas necessidades, mas, para além disso, todos são ilegais e não autorizados se forem encontrados a piratear/roubar/aceder a dados.

Raymond enumera cinco características possíveis para caraterizar um hacker, que reproduzimos aqui:

- Uma pessoa que gosta de aprender pormenores sobre linguagens de programação ou máquinas.
- Uma pessoa que gosta de programar e quer realmente programar em vez de apenas teorizar sobre o assunto
- Uma pessoa que é capaz de apreciar o hacking de outra pessoa
- Uma pessoa que absorve e compreende os conceitos de programação de forma rápida e eficiente

- Pessoa que é especialista numa determinada linguagem ou sistema de programação, como "hacker UNIX", "hacker KALI", etc.

Um hacker é alguém "que tem a intenção de atacar alguém através dos códigos sem aviso prévio e que tem intenções prejudiciais". Estas pessoas têm, normalmente, conhecimentos informáticos alargados e informações sobre sistemas, hardware e redes. O termo "hacker" foi utilizado pela primeira vez na década de 1960 para descrever um programador ou alguém que invade um computador através de código. Mais tarde, o termo evoluiu para "hacker" para designar uma pessoa que possui conhecimentos avançados e alargados sobre computadores e respectivos periféricos, mas que não tem intenções maliciosas de prejudicar os outros.

Em 1981, Ian Murphy, também conhecido por "Captain Zap", foi o primeiro hacker a ser condenado por pirataria informática. Invadiu a rede informática da AT&T e alterou o sistema de tarifas, mudando os relógios internos de modo a que os clientes passassem a pagar tarifas nocturnas mais baratas durante a hora de almoço.

Os crackers são grupos pouco éticos e ocultos que têm indivíduos com conhecimentos técnicos e programadores pessimistas que tentam influenciar o programa de uma forma pouco ética e potencialmente causadora de danos financeiros. Um cracker é alguém que invade o computador de outra pessoa, muitas vezes numa rede; contorna palavras-passe ou licenças de programas de computador; ou viola deliberada e voluntariamente a segurança do computador, de modo a que a funcionalidade e as suas recomendações se tornem inválidas, o que pode levar a graves prejuízos.

Um cracker pode fazer o seu trabalho com fins lucrativos, de forma maliciosa, com um objetivo ou causa altruísta ou devido a um desafio. Algumas invasões foram efectuadas ostensivamente para expor vulnerabilidades no sistema de segurança de um sítio Web. O termo "cracker" não deve ser confundido com "hacker". Os hackers geralmente desaprovam o cracking.

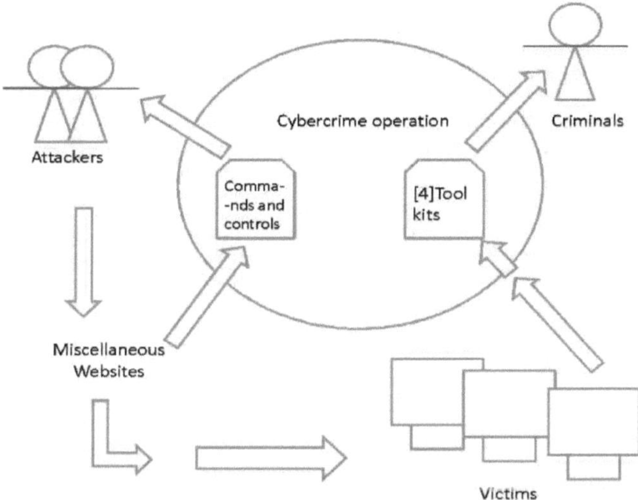

Fig. 1: Representação esquemática da cibercriminalidade

A figura 1 explica simplesmente como os hackers fazem o seu trabalho e como pessoas inocentes podem ser vítimas do seu trabalho ilegal e pouco ético e, em muitos casos, ser roubadas.

A diferença entre hackers e crackers

Hacking e cracking são duas formas diferentes ou relativamente semelhantes de violação da privacidade em linha e dos direitos de autor, normalmente praticadas de forma maliciosa. São duas coisas completamente diferentes, mas as pessoas tendem a confundi-las porque ambas terminam com um som semelhante "acking" (deve ser por isso!) e são ambas formas maliciosas de atividade cibernética.

Comecemos por explicar o significado das palavras no vocabulário informático - ou seja. Hacking é o roubo de dados pessoais ou privados sem o conhecimento ou consentimento do proprietário. Também pode incluir outras coisas, como roubar palavras-passe, criar uma botnet ou praticamente qualquer ato que viole a privacidade de uma pessoa sem o seu conhecimento ou consentimento. Em palavras simples, uma atividade através da qual o PC de uma pessoa é utilizado ou modificado sem aviso prévio.

Agora sobre cracking: Cracking envolve a edição do código fonte de um programa, fazendo uma mudança sintáctica ou criando um programa como um gerador de chaves, patch ou outra aplicação que engana uma aplicação. Um gerador de chaves e uma correção desenvolvidos para a Adobe Master Collection enganariam o software, fazendo-o acreditar que a chave introduzida está correcta. Cracking consiste em encontrar uma porta traseira no software e explorá-la para uso malicioso ou violação de direitos de autor.

A diferença (caso não tenha reparado) é que um hacker utiliza o seu vasto conhecimento da lógica e do código informático para fins maliciosos, enquanto um cracker procura backdoors em programas e explora-os. O cracking é geralmente menos prejudicial do que o hacking. Os hackers estão normalmente envolvidos em actividades de hacking relacionadas com a Web, como a interceção de MySQL ou o phishing. Outras formas de hacking incluem coisas como a força bruta ou a pirataria de palavras-passe.

Os crackers têm normalmente bons conhecimentos de codificação ou programação relacionados com Python e .NET (Visual Basic, C, C++, C#) e Objective C (Mac), enquanto os hackers são fluentes em várias formas de código Web, como PHP, MySQL, JavaScript, Ajax, bem como HTML e CSS.

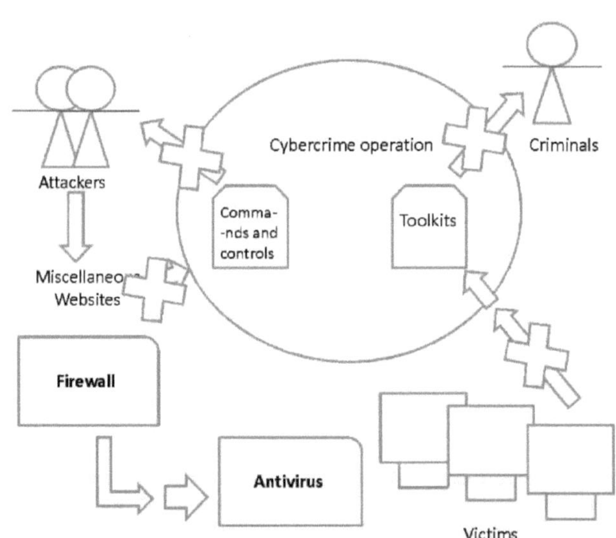

Fig. 2 Representação esquemática das precauções contra a pirataria informática / segurança

A Figura 2 explica como os recursos de entrada e de saída podem ser protegidos para garantir a segurança dos dados e evitar que os itens rejeitados sejam comprometidos.

3. NECESSIDADE E IMPORTÂNCIA DA SEGURANÇA DOS DADOS

A segurança dos dados é vital para a maioria das empresas e mesmo para os utilizadores privados de computadores. Dados de clientes, informações de pagamento, ficheiros pessoais, detalhes de contas bancárias - todas estas informações podem ser difíceis de substituir e potencialmente perigosas se caírem nas mãos erradas. A perda de dados devido a catástrofes, como inundações ou incêndios, é devastadora, mas a perda causada por piratas informáticos ou por uma infeção por malware pode ter consequências muito maiores.

3.1 Avaliação dos riscos

Uma segurança de dados completa começa com uma estratégia global e uma avaliação de riscos. Esta ajudará a determinar os riscos existentes e o que pode acontecer se os dados valiosos se perderem devido a roubo, infeção por malware ou falha do sistema. Outras ameaças potenciais a reconhecer incluem as seguintes:

- Ameaças físicas, como incêndios, falhas de energia, roubo ou danos maliciosos.
- Erro humano, como o processamento incorreto de informações, a divulgação não intencional de dados ou erros de introdução.
- Explorações de espionagem empresarial e outras actividades maliciosas.

Em seguida, pode avaliar as áreas problemáticas e desenvolver estratégias e medidas para proteger os seus dados e sistemas de informação. Eis alguns aspectos que devem ser considerados:

- Quem tem acesso a que dados?
- Quem utiliza a Internet e os sistemas de correio eletrónico e como acede a eles

• Quem tem acesso e quem está sujeito a restrições, ou seja, quem está autenticado/autorizado a aceder aos dados.

• se as palavras-passe devem ser utilizadas e como devem ser mantidas

• Qúe tipo de firewalls e soluções anti-malware devem ser utilizadas?

• Formação adequada do pessoal e controlo da segurança dos dados.

Após a análise acima referida, pode então dar prioridade a determinados dados, juntamente com os seus sistemas mais críticos, e determinar aqueles que requerem medidas de segurança adicionais. Os riscos empresariais e as implementações de segurança devem ser revistos e analisados regularmente para ter em conta alterações como o crescimento da sua empresa e outras circunstâncias.

Depois de ter criado um plano e avaliado os riscos, é altura de pôr em prática o seu sistema de segurança de dados. Uma vez que os dados podem ser comprometidos de muitas formas, a melhor proteção contra a utilização indevida ou o roubo é uma combinação de medidas técnicas, segurança física e pessoal bem formado. É necessário implementar políticas claramente definidas numa infraestrutura e comunicá-las eficazmente aos empregados.

3.2 Cópia de segurança dos dados

Uma vez elaborado o plano e avaliados os riscos, é altura de pôr em prática o sistema de segurança dos dados. Uma vez que os dados podem ser comprometidos de muitas formas, a melhor proteção contra a utilização indevida ou o roubo é uma combinação de medidas técnicas, segurança física e pessoal bem formado. Deve incluir políticas claramente definidas na sua infraestrutura e comunicá-las eficazmente aos empregados. Eis algumas coisas que pode fazer:

• Proteja o seu escritório ou centro de dados com sistemas de alarme e monitorização

• Manter os computadores e os componentes associados fora do alcance do público.

- Aplicação de restrições ao acesso à Internet.

- Certifique-se de que o seu sistema operativo e a sua solução anti-malware estão actualizados com a versão mais recente.

- Defesa contra ataques de hackers com tecnologia de deteção de intrusão.

- Utilize uma fonte de alimentação protegida e certifique-se de que as fontes de alimentação têm uma cópia de segurança.

3.3 AMEAÇAS AOS DADOS NA ERA MODERNA

A segurança dos dados consiste em proteger os dados de forma a não comprometer a sua integridade e utilidade. Muitos indivíduos, pequenas empresas e grandes empresas dependem fortemente dos seus sistemas informáticos. A segurança dos dados é o fator mais importante que tem um impacto direto no desenvolvimento de uma organização.

O Glossário Nacional de Garantia da Informação define ameaça como "qualquer circunstância ou evento com potencial para afetar negativamente um sistema de informação através de acesso não autorizado, destruição, divulgação, alteração de dados e/ou negação de serviço". Se os dados contidos nestes sistemas informáticos forem corrompidos, perdidos ou roubados, podem conduzir a uma catástrofe.

3.4 Ameaças à segurança dos dados

No domínio da segurança dos dados, uma ameaça é um perigo potencial que pode explorar uma vulnerabilidade para violar a segurança e causar danos potenciais. Uma ameaça pode ser "intencional" (por exemplo, pirataria informática: um único cracker ou uma organização criminosa) ou "acidental" (por exemplo, a possibilidade de um mau funcionamento do computador ou a possibilidade de uma catástrofe natural, como um terramoto, um incêndio ou um tornado).

3.4.1 Principais ameaças à segurança dos dados

- Serem perdidos ou danificados em caso de falha do sistema - especialmente uma falha do disco rígido.
- Danificados por discos rígidos, unidades ou falhas de energia com defeito.
- Perda devido a eliminação acidental ou substituição de ficheiros.
- perdidos ou danificados por vírus informáticos.
- pirateados e apagados ou modificados por utilizadores não autorizados.
- Destruídos por catástrofes naturais, ataques terroristas ou guerras.
- Apagadas ou alteradas por empregados que querem ganhar dinheiro ou vingar-se dos seus colegas de trabalho.

3.4.2 Como manter os dados seguros:

As medidas que podem ser tomadas para proteger os *dados* incluem

- Criar *cópias de segurança* regulares dos ficheiros (as cópias de segurança devem ser guardadas em cofres à prova de fogo ou noutro edifício)
- Proteção contra *vírus* através da utilização de *software antivírus*
- Utilização de um sistema de palavras-passe para restringir o acesso aos dados
- Armazenamento seguro de ficheiros importantes em *suportes de armazenamento amovíveis*, por exemplo, num cofre à prova de fogo e de água
- Acesso a certas áreas do computador apenas para pessoal autorizado, por exemplo, controlando o acesso a essas áreas com cartões de identificação ou cartões magnéticos
- Termine sempre a sessão ou desligue *os dispositivos finais* e bloqueie-os, se possível

- Evitar a eliminação acidental de ficheiros através da *proteção de* discos rígidos *contra escrita*

- Utilização de técnicas de encriptação de dados para codificar dados de forma a que não façam sentido óbvio

3.4.3 As dez maiores ameaças à segurança da informação

1. **Tecnologia com fraca segurança** - Com o advento de novas tecnologias e novos dispositivos e produtos, não estão a ser introduzidas medidas de segurança específicas, o que representa um risco grave. Qualquer ligação não segura ou insegura é sinónimo de vulnerabilidade. O rápido desenvolvimento da tecnologia é um testemunho dos inovadores, mas a segurança está muito atrasada.

2. **Ataques através das redes sociais** - Os cibercriminosos vêem as redes sociais como um meio de propagação de um ataque geográfico complexo e em grande escala, conhecido como "water holing". Os atacantes tentam identificar e infetar uma série de sítios Web que acreditam ser visitados por membros da organização alvo.

3. **Malware móvel** - Os especialistas em segurança consideram a segurança dos dispositivos móveis um risco desde que as primeiras ligações à Internet eram algo arriscadas e inseguras. Dada a dependência contínua da nossa cultura em relação aos telemóveis e a forma como estes têm sido alvo de cibercriminosos, isto representa uma ameaça catastrófica.

4. **Entrada** de terceiros - A entrada de terceiros é uma forma de intrusão de utilizadores desconhecidos e indesejados sem autorização e autoridade. Os cibercriminosos privilegiam a via a partir da qual o alvo pode ser facilmente atacado e desviado. O alvo é o filho ou um nó de um ataque a uma grande rede através de pontos de entrada de terceiros. O fornecedor de AVAC do retalhista global foi o infeliz contratante cujas credenciais foram roubadas.

5. **Negligenciar** a **configuração** correcta - Negligenciar a configuração correcta

dos routers e de outras ferramentas de rede industrial pode ser um grande problema para toda uma organização. As ferramentas de megadados podem ser personalizadas de acordo com as necessidades de uma organização. As empresas continuam a negligenciar a importância de configurar corretamente as definições de segurança. O New York Times foi recentemente vítima de uma violação de dados porque tinha ativado apenas uma das várias funcionalidades críticas necessárias para proteger totalmente os dados da empresa. Uma empresa só pode acompanhar os seus concorrentes se os seus produtos novos e lançados e outras informações críticas estiverem seguros e protegidos.

6. **Software de segurança desatualizado** - Atualizar o software de segurança e instalar o software mais recente e atualizado é uma prática básica de gestão tecnológica e um passo obrigatório para proteger os dados. O software foi concebido para se defender e proteger contra ameaças conhecidas e registadas. Isto significa que o novo código malicioso que encontra uma versão desactualizada do software de segurança não é detectado, o que pode conduzir a um cenário perigoso para uma organização.

7. **Engenharia social** - A engenharia social evoluiu para métodos não técnicos fiáveis que se baseiam na interação social, na comunicação virtual e na manipulação psicológica para obter acesso a dados confidenciais. Esta forma de intrusão e acesso aos dados é imprevisível e eficaz, mesmo a baixo custo.

8. **Falta de cifragem** - A cifragem é uma política ou técnica que converte os dados numa forma cifrada e codificada, de modo a dificultar a sua leitura por um utilizador não autorizado. A proteção dos dados comerciais sensíveis em trânsito e em repouso é uma medida adoptada por poucas indústrias, apesar da sua eficácia.

9. **Dados da empresa em dispositivos pessoais** - É um hábito bom e adaptável diferenciar entre a vida da empresa e a vida privada. Independentemente de uma empresa fornecer telemóveis aos funcionários para fins profissionais, os dados confidenciais continuam a ser acedidos em dispositivos pessoais. Embora existam ferramentas de gestão móvel para restringir a funcionalidade, a proteção das lacunas não faz parte da lista de

prioridades de muitas organizações.

10. Ameaça de malware "Malware" é a abreviatura de "software malicioso" - programas de computador concebidos para se infiltrarem e danificarem computadores sem o consentimento ou informação do utilizador. "Malware" é um termo geral ou coletivo que engloba todos os diferentes tipos de ameaças à segurança do computador, como vírus, spyware, worms, cavalos de Troia, root kits, etc.

Tipos de malware:

Este malware malware inclui vírus, worms, trojans Horses, rootkits, spyware, keyloggers e muito mais. Para obter uma visão geral das diferenças entre todos estes tipos de ameaças e a forma como funcionam, são categorizados da seguinte forma:

Vírus e worms - a ameaça infecciosa

Os vírus e os worms são definidos pelo seu comportamento e natureza - o software malicioso é concebido para se propagar sem o conhecimento ou a informação do utilizador. Um vírus infecta software legítimo e, quando este pedaço de código é utilizado pelo computador ou pelo seu proprietário, começa a espalhar o vírus e as infecções - por isso, é necessário atuar antes que estes se possam espalhar. Os vermes informáticos, por outro lado, propagam-se sem qualquer ação ou intervenção do utilizador. Tanto os vírus como os worms podem conter o chamado "payload", ou seja, um código malicioso concebido para causar danos que podem ir para além do imaginável.

Trojans e kits de raiz - a ameaça mascarada

Os cavalos de Troia e os rootkits são agrupados e utilizados em conjunto, uma vez que ambos têm como objetivo atacar computadores. Os cavalos de Troia são software malicioso que finge ser uma aplicação e tenta sê-lo. Os utilizadores descarregam este software pensando que estão a receber um software útil e necessário e, em vez disso, acabam num computador infetado com malware. Os utilizadores descarregam este software pensando que estão a obter uma peça de software útil e necessária e, em vez disso, acabam num computador infetado com malware. Os root kits são diferentes. São uma técnica para mascarar o malware, mas não contêm malware. As técnicas de root kits foram inventadas pelos criadores de vírus para esconder o malware de modo a que este pudesse passar despercebido aos programas de deteção e remoção de antivírus. Hoje em dia, os produtos antivírus, como o BullGuard Internet Security, estão a reagir com ferramentas eficazes de remoção de rootkits.

O spyware e o malware de keylogger são utilizados para ataques maliciosos como o roubo de identidade, o phishing e a engenharia social - ameaças destinadas a roubar dinheiro aos utilizadores de computadores, às empresas e aos bancos.

Nos últimos relatórios de segurança relativos ao primeiro trimestre de 2011, as infecções por cavalos de Troia encabeçaram a lista de malware com mais de 70% de todos os ficheiros maliciosos detectados nos sistemas informáticos, seguidos pelos vírus e worms clássicos.

A popularidade dos programas antivírus fraudulentos diminuiu no final de 2010 e no início de 2011, mas o número de Trojans descarregadores aumentou significativamente. As taxas de deteção de novo malware aumentaram 15% no primeiro trimestre de 2011 em comparação com o último trimestre de 2010.

4. AMEAÇAS BASEADAS NA REDE

Worms, Trojans e ataques DoS, também conhecidos como ataques de negação de serviço, são normalmente utilizados de forma maliciosa para destruir e consumir os recursos e dados de uma determinada rede. Os anfitriões mal configurados, os dispositivos desactualizados, o software não atualizado e os servidores associados constituem, por vezes, uma ameaça à segurança da rede, uma vez que consomem todos os recursos disponíveis sem qualquer razão válida. Para poder identificar e atenuar corretamente estas potenciais ameaças, um indivíduo, uma empresa ou outra organização deve estar equipado com os protocolos e ferramentas de segurança correctos para realizar esta tarefa.

4.1 Tipos de ameaças à rede

Ataques lógicos

Muitos peritos e engenheiros de segurança classificam as várias ameaças à segurança da rede em duas grandes categorias. São ataques lógicos ou ataques a recursos.

Os ataques lógicos enganam os computadores ou os sistemas electrónicos baseados em CPU, fazendo com que percam a capacidade de se sincronizarem com programas e software de segurança informática. Os ataques lógicos são concebidos para explorar vulnerabilidades e bugs pré-existentes em programas com a intenção declarada de fazer cair um sistema. Há cibercriminosos que tentam explorar o ataque com a intenção perigosa e prejudicial de obter deliberadamente acesso ilegal ao sistema ou, em alternativa, de reduzir o desempenho de uma determinada rede, de modo a comprometer o progresso dessa organização.

Um exemplo deste tipo de exploração de vulnerabilidades em plataformas e software é a vulnerabilidade Microsoft PNP MS05-039, que conduz a um overflow. Neste tipo de ataque, o atacante explora um estouro de pilha no serviço Windows Plug and Play (PnP). Este ataque pode ser levado a cabo contra o sistema operativo Windows 2000 sem uma conta de utilizador legítima.

Um segundo exemplo de ameaça à segurança da rede é o infame "Ping of Death". Neste ataque hediondo, o criminoso envia pacotes ICMP para um sistema que são maiores do que a capacidade máxima permitida. A maioria destes ataques e problemas pode ser resolvida procurando software mal configurado e desatualizado e programas que precisam de ser alterados, actualizados ou melhorados.

Ataques aos recursos

A segunda classificação das ameaças à segurança da rede são os ataques aos recursos, que têm como único objetivo penetrar nos recursos e informações de um indivíduo ou organização. Estes ataques têm como principal objetivo enterrar recursos importantes do sistema, como a memória RAM e os recursos da CPU. Isto é feito através da injeção de numerosos pedidos e pacotes IP falsos na rede.

Este tipo de malware contém normalmente o código para lançar uma variedade de ataques diferentes, bem como uma infraestrutura de comunicações típica que lhe permite funcionar com êxito sob uma função de controlo remoto.

Vírus cavalo de Troia

Um cavalo de Troia é um malware que não se replica. Estes vírus são normalmente muito astutos, uma vez que parecem cumprir uma tarefa desejável e necessária para o utilizador. Na realidade, porém, tentam obter acesso ilegal ao sistema informático do utilizador de todas as formas possíveis.

O termo em si vem da história do Cavalo de Troia na Ilíada de Homero, da mitologia grega. O único objetivo destes vírus é permitir que o hacker aceda remotamente ao computador alvo. Isto é facilmente possível depois de o cavalo de Troia se ter infiltrado ou instalado no computador. Depende da conceção e da evolução do cavalo de Troia que permite ao cracker aceder ao computador. Exemplos de vírus cavalo de Troia Roubo de dados, detalhes de cartões de crédito e débito. Gravação de teclas premidas, eliminação e modificação de ficheiros, utilização do computador como parte de uma rede de bots para envio de spam ou ataques de negação de serviço, etc.

Vermes

Os worms informáticos são programas maliciosos que se replicam a si próprios. Utilizam uma rede informática para criar cópias de si próprios e enviá-las através da rede para outros computadores dentro da rede. Diferem dos vírus informáticos na medida em que não precisam de estar ligados a um programa existente, mas são simplesmente introduzidos na rede de uma pessoa e depois funcionam por si próprios.

Os worms causam sempre danos numa rede de computadores, mesmo que seja apenas por utilizarem a largura de banda disponível. Isto difere dos vírus, que normalmente alteram os ficheiros no computador ou destroem-nos completamente.

Os worms são muito mais prejudiciais e perigosos quando fazem mais do que apenas replicar e desenvolver as suas cópias noutros computadores dentro da rede. Nestes casos, podem eliminar ficheiros no sistema anfitrião, como acontece com os worms ExploreZip, executar um ataque de chantagem criptoviral em que encriptam vários ficheiros num computador, ou mesmo enviar documentos através do sistema de correio eletrónico. Uma utilização comum dos worms é a instalação de backdoors no computador comprometido para criar um computador zombie ou fantasma, que o autor do worm controla automaticamente.

Detetar e destruir

A primeira coisa que precisa de ser feita quando se dá formação a um indivíduo é garantir a capacidade de encontrar ameaças à rede através da obtenção de visibilidade e viabilidade da rede, mas isso nem sempre é possível. O nível necessário de visibilidade de uma rede pode ser alcançado utilizando recursos que já estão presentes em dispositivos que uma pessoa já possui.

Em alternativa, os indivíduos podem desenvolver diagramas de estratégia e planeamento que descrevam completamente o fluxo de pacotes e as localizações dentro de uma rede. A empresa ou organização precisa de estabelecer uma base de padrões e actividades normais da rede, para que possam ser identificadas actividades invulgares e potenciais ameaças à segurança da rede.

5. AMEAÇAS À SEGURANÇA DAS APLICAÇÕES

1) Injeção

Trata-se de uma vulnerabilidade generalizada em que o código infetado é desenvolvido e injetado na rede, no computador ou no dispositivo eletrónico com um chip de memória. Isto significa que a aplicação permite a execução de código através de fontes externas e, assim, "injecta-o" no código principal em tempo de execução, por exemplo, através de campos de texto.

2) Autenticação e gestão de sessões incorrectas

O que são sessões? Uma vez que o HTTP é um protocolo sem estado, a maioria dos sítios Web pretende guardar os dados do utilizador assim que este inicia a sessão. Para o efeito, implementam o que é vulgarmente conhecido por sessão. Em termos simples, pode ser definida como o tempo de trabalho ou de início de sessão de um utilizador num sistema. Uma sessão informa o sítio Web de que um utilizador está autenticado e pode continuar a ser servido. Vejamos um exemplo para compreender como ocorrem os ataques de autenticação e gestão de sessões.

Imagine um sítio Web que apresenta um número de sessão nos seus URLs, como este, depois de um utilizador ter efectuado uma compra ou comprado algo:-

http://abc.com/sale/jsessionid=2P0OC2JSNDLPSKHCJUN2JV/?item=laptop

Vamos ainda supor que o ID da sessão também armazena informações como detalhes do cartão de crédito, informações de pagamento, etc. O que acontece se o utilizador que fez a compra enviar esta ligação aos seus amigos para os informar de que recebeu um desconto? Se a sessão não for corretamente gerida, todos os seus amigos poderão aceder ao seu ID de sessão e efetuar pagamentos com o seu cartão de crédito, uma vez que a sessão não foi destruída.

As sessões devem ser sempre únicas para cada tentativa de autenticação.

Devem ser destruídas corretamente. Se um utilizador permanecer inativo no seu browser, a sessão deve expirar e pedir ao utilizador que inicie sessão novamente. Recomenda-se também sempre a aplicação de políticas de palavra-passe rigorosas para evitar que os atacantes ataquem uma sessão roubada.

3) Scripting entre sítios

As aplicações Web modernas utilizam tecnologias como JavaScript, ActiveX, Silverlight, Flash, Node.js, etc., para utilizar o desempenho do navegador e melhorar a experiência do utilizador, bem como para realizar algum processamento do lado do servidor. Para além de personalizarem as interfaces de utilizador, estas tecnologias também ajudam os programadores a obter informações importantes, como identificadores de sessão, etc., durante uma transação. O Cross-site scripting ou vulgarmente conhecido por XSS é um exemplo de um ataque de injeção em que um atacante pode injetar fragmentos de código malicioso para obter informações importantes ou realizar outras tarefas maliciosas.

Um atacante pode sequestrar um sítio Web ou uma rede e injetar alguns scripts maliciosos e adicionar alguns códigos para enganar o sistema, que serão expostos ao navegador de um utilizador. Quando um utilizador visita esse sítio Web, o seu navegador executa o código malicioso.

4) Referências inseguras a objectos directos

Uma vez autenticado, o utilizador pode aceder aos recursos para os quais está autorizado. No entanto, devido a alguns mecanismos de controlo de acesso ineficientes e insuficientes, o utilizador pode obter acesso a alguns recursos para os quais não está autorizado. Por este motivo, é importante corrigir esta vulnerabilidade.

5) Configuração incorrecta da segurança

Trata-se de uma vulnerabilidade ou ameaça grave e perigosa que pode pôr completamente em causa os sistemas. Vejamos alguns exemplos para compreender como uma configuração de segurança incorrecta pode ter consequências catastróficas.

Durante a fase de preparação de uma aplicação Web, o administrador esquece-se de remover o utilizador predefinido do Microsoft SQL Server - "sa" com a palavra-passe predefinida "sa". Após a fase de preparação, a aplicação Web foi implantada na produção e gerada como uma atualização de correção de erros para que o sistema voltasse ao estado anterior. Um atacante pode obter acesso à aplicação Web através da conta padrão do Microsoft SQL Server.

Ao instalar um servidor Web, os administradores esquecem-se de remover o utilizador administrador e também de desativar as páginas de início de sessão do administrador. Um administrador esquece-se de desativar os stack traces e as listagens de directórios. Um administrador esquece-se de remover o acesso de leitura, escrita e execução a algumas pastas web. Todas estas e muitas outras configurações incorrectas de segurança permitem que os atacantes comprometam completamente o sistema. Atualmente, são disponibilizados servidores pré-configurados ou reforçados para uma utilização fácil na produção.

6. ATAQUES

Os ciberataques recentes têm como alvo indivíduos e organizações específicas para roubar dados. Utilizam múltiplos vectores, incluindo a Web, o correio eletrónico e ficheiros maliciosos, e adaptam-se dinamicamente para explorar vulnerabilidades de dia zero e outras vulnerabilidades da rede.

Os ciberataques avançados são bem sucedidos porque são cuidadosamente planeados, metódicos e pacientes. O malware utilizado nestes ataques instala-se num sistema, tenta esconder-se, procura vulnerabilidades na rede, desactiva as medidas de segurança da rede, infecta outros terminais e outros dispositivos, chama servidores de comando e controlo (CnC) e aguarda instruções para extrair dados da rede.

Quando a maioria das organizações se apercebe de que foi afetada por uma violação de dados, já está sob ataque há semanas, meses ou mesmo anos. A maioria das medidas tradicionais de defesa em profundidade da cibersegurança, como as firewalls AV ou da próxima geração, não utiliza técnicas de deteção de ameaças baseadas em assinaturas e padrões e não monitoriza as chamadas de retorno de malware para os servidores CnC.

Os ciberataques avançados assumem muitas formas, incluindo vírus, cavalos de Troia, spyware, rootkits, spear phishing, anexos de correio eletrónico maliciosos e descarregamentos drive-by. Para se proteger adequadamente contra esses ataques, todo o ciclo de vida do ataque deve ser monitorado, desde a entrega até a recuperação, o reconhecimento e a exfiltração de dados. Com o Adaptive Defense, a FireEye monitora todo o ciclo de vida de ataques avançados para ajudar as organizações a detetar, analisar e responder a ataques cibernéticos.

6.1 Ataques às palavras-passe

1. Adivinhar e redefinir a palavra-passe

Geralmente, o utilizador utiliza a data de nascimento, o nome dos filhos e outras cadeias alfanuméricas comuns para definir palavras-passe que são fáceis de adivinhar pelos atacantes após algumas combinações. Geralmente, o utilizador pensa que adivinhar uma palavra-passe é uma tarefa difícil, mas isso não é verdade. As palavras-passe podem ser adivinhadas manual ou automaticamente. Algumas das ferramentas disponíveis para adivinhar palavras-passe são Hydra, Brute Force (em conjunto com a injeção de SQL), ataques de dicionário e adivinhação de palavras-passe híbridas.

É muito mais fácil para os atacantes redefinir a palavra-passe do que adivinhar a palavra-passe. Por exemplo, os atacantes têm uma versão de arranque do Linux com a qual podem facilmente encontrar e redefinir a palavra-passe de administrador. A ferramenta mais utilizada para repor as palavras-passe é o programa Petter Nordahl Hangen.

2. Crack password

A redefinição da palavra-passe é bem sucedida quando uma pessoa acede a um computador bloqueado. A quebra de senhas é outra forma de os atacantes capturarem os valores de hash de várias senhas e convertê-los de volta à sua forma original usando tabelas arco-íris. A ferramenta de cracking de senhas mais popular para Windows é a família de programas PWdump. Permite o acesso a palavras-passe tanto em computadores locais como remotos. Outras ferramentas de decifração de palavras-passe incluem o John and Ripper e o Cain & Abel, ambos utilizados nos sistemas operativos Unix e Windows.

3. Deteção de palavras-passe

Apenas alguns atacantes interceptam o tráfego de autenticação entre o servidor e os clientes, acedem aos valores hash e seguem o seu processo de cracking. As ferramentas de cracking de palavras-passe mais utilizadas são o ScoopLM e o KerbCrack.

4. Introdução da palavra-passe

Os atacantes capturam as palavras-passe com a ajuda do Cavalo Trozan, que espia o teclado, e roubam as informações confidenciais com a ajuda de um keystroke logger. O método mais comum de captura da palavra-passe é o phishing: o utilizador é solicitado a fornecer a sua palavra-passe através do envio de mensagens e e-mails falsos que geralmente se parecem com mensagens ou e-mails originais. Exemplo: páginas bancárias em linha falsas, e-mails de recompensa falsos relacionados com transacções de dinheiro, telefonemas falsos de engenheiros sociais a pedir nomes de utilizador e palavras-passe para autenticação (completamente falsos). Os keyloggers, que podem ser instalados pelo malware theta, registam todas as informações introduzidas pelo utilizador durante o processo de início de sessão.

A outra forma mais fácil de adivinhar a palavra-passe chama-se "**Looking Outside the Box**", ou seja, um utilizador comete muitos erros, tais como dizer a palavra-passe a um amigo, escrever a palavra-passe num papel, sair da conta sem terminar a sessão, utilizar a mesma palavra-passe para todas as contas e palavras-passe mal formadas, como 1111, 12345, etc. Para evitar que a sua palavra-passe seja adivinhada, deve alterar a sua palavra-passe de vez em quando e utilizar combinações difíceis; nunca utilize o seu nome e data de nascimento ou o nome da organização. A Microsoft fornece várias funções para proteger a palavra-passe: Autenticação Kerberos, cache de palavras-passe e início de sessão unificado na rede através do sistema de segurança do domínio. No entanto, qualquer mecanismo de proteção por palavra-passe tem 99% de sucesso. Há sempre 1% de hipóteses de decifrar a palavra-passe.

Um fórum da Equipa de Resposta a Incidentes e Segurança (FIRST) fornece um sistema comum de pontuação de vulnerabilidades (CVSS) para avaliar a gravidade das vulnerabilidades de segurança no software. A escala de pontos varia de 0,0 a 10,0 (mais grave).

5. Phishing

Os ataques de phishing são efectuados através do envio de mensagens de correio eletrónico que pedem ao alvo para clicar numa ligação e introduzir as informações solicitadas. As mensagens de correio eletrónico de phishing tornaram-se muito mais sofisticadas nos últimos anos, tornando difícil para algumas pessoas distinguir um pedido de informação legítimo de um falso.

6. Ataques de negação de serviço (DoS)

Um ataque DoS consiste em perturbar o serviço de uma rede. Os atacantes enviam grandes quantidades de dados ou tráfego de dados através da rede (ou seja, fazem muitos pedidos de ligação) até que a rede fique sobrecarregada e deixe de poder funcionar.

7. "Homem no meio" (MITM)

Ao fazer-se passar por um ponto final numa troca de informações em linha (por exemplo, ao ligar-se de um smartphone a um sítio Web), o MITM pode obter informações sobre o utilizador final e a organização com a qual está a comunicar.

Por exemplo, se uma pessoa estiver a fazer operações bancárias em linha, o intermediário comunicará com essa pessoa fingindo ser o banco e comunicará com o banco fingindo ser o utilizador. O intermediário receberia então todas as informações transferidas entre as duas partes, incluindo dados sensíveis como contas bancárias e informações pessoais.

8. Descarregamentos de drive-by

O malware num sítio Web legítimo descarrega um programa para o sistema do utilizador simplesmente por visitar o sítio Web. Não é necessária qualquer ação

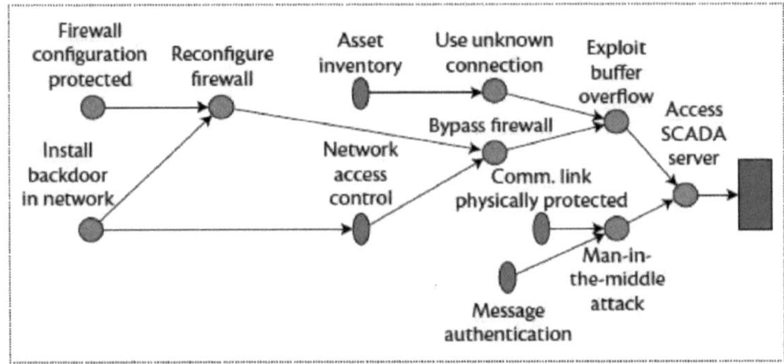

do utilizador para o descarregamento.

O diagrama abaixo mostra ataques a diferentes níveis numa rede:

Figura 3: Ataques a diferentes níveis numa rede

7. ESTRATÉGIAS DE SEGURANÇA DOS DADOS

A proteção de dados é importante não só para proteger os dados no sistema contra ciberataques nocivos, mas também para garantir que, se caírem nas mãos erradas, permanecem seguros e não podem ser acedidos por alguém que não esteja autorizado a fazê-lo. A proteção de dados engloba muitos elementos, incluindo a forma como os dados são utilizados, quem os utiliza e onde são utilizados. Para qualquer organização, a segurança dos dados é um fator importante e essencial que pode tornar-se um problema sério e grave se um utilizador aceder aos dados sem autorização.

Nesta era digital e conectada, as organizações armazenam e partilham grandes quantidades de dados sobre os seus empregados e clientes. O processo de proteção de grandes quantidades de dados ou informações que uma empresa pretende manter confidenciais e proteger de terceiros é conhecido como proteção de grandes volumes de dados.

As organizações e as indústrias lutam frequentemente para gerir e criar as suas próprias políticas de segurança em tempo real, uma vez que a quantidade de dados continua a crescer. Embora empresas de todos os tamanhos e tipos sejam afectadas por violações de dados, muitas pequenas organizações e empresas não tomam as medidas necessárias para criar políticas de segurança de dados, incluindo a formação dos seus funcionários.

A maioria das empresas tem grandes quantidades de dados que pretende armazenar de forma confidencial e segura e proteger do acesso de terceiros.

7.1 Factores a ter em conta para um melhor mecanismo de segurança

7.1.1 Segurança física

A segurança física refere-se à restrição do acesso a recursos críticos da rede, mantendo os recursos atrás de uma porta trancada e protegendo-os de desastres naturais e provocados pelo homem, ou a segurança física bloqueia o acesso desconhecido ou proíbe o acesso não autorizado. A segurança física pode proteger uma rede contra a utilização indevida e não autorizada do equipamento e dos recursos da rede por empregados e contratantes ou trabalhadores sem formação. Pode também proteger a rede contra piratas informáticos, crackers, concorrentes, rivais e terroristas que se infiltram a partir da rua e alteram as configurações do equipamento. A segurança física pode ser considerada como o mecanismo utilizado para impedir o potencial acesso não autorizado e indesejado ao sistema ou mainframe.

Dependendo do nível de proteção, a segurança física pode proteger uma rede de bombas terroristas e lógicas, fugas radioactivas, etc. A segurança física pode também proteger os recursos de desastres naturais. Dependendo da conceção específica da rede, a segurança física deve ser instalada para proteger e tornar seguros os routers, os pontos de encaminhamento, os cabos, os modems, os servidores, os anfitriões, o armazenamento de cópias de segurança e muitos outros locais onde podem ocorrer problemas. As salas de computadores devem também estar equipadas com fontes de alimentação sem problemas, alarmes de incêndio, mecanismos automáticos de combate a incêndios e sistemas de drenagem de água, que são também tratados como segurança física. Para proteger o equipamento contra terramotos e ventos fortes durante as tempestades, o equipamento deve ser instalado em bastidores fixados ao chão ou à parede, o que manterá os recursos bem protegidos.

7.1.2 Autenticação

A autenticação identifica e verifica quem está a pedir e a aceder aos serviços de rede. O termo autenticação refere-se normalmente à autenticação e análise de utilizadores para determinar se a pessoa que faz um pedido tem uma autenticação válida. Por exemplo, alguns protocolos de encaminhamento suportam e permitem a autenticação de rotas, em que um encaminhador tem de cumprir determinados critérios e condições para que outro encaminhador aceite as suas actualizações de encaminhamento e novas rotas.

A maioria das políticas de segurança estabelece que, para aceder a uma rede e aos seus serviços, um utilizador deve introduzir uma identificação de início de sessão e uma palavra-passe únicas que são autenticadas por um servidor de segurança do sítio Web a que pretende aceder. Para maximizar a segurança, podem ser utilizadas senhas de uso único (dinâmicas), ou seja, OTP, que são exclusiva e potencialmente concebidas para impedir e minimizar o acesso de utilizadores não autenticados. Com um mecanismo de palavra-passe de uso único, a palavra-passe de um utilizador muda dinamicamente e é actualizada. Isto é frequentemente feito com um cartão de segurança, também conhecido como cartão inteligente. Um cartão de segurança é um dispositivo físico do tamanho de um cartão de crédito. O utilizador introduz um número de identificação pessoal (PIN) no cartão. O PIN é um primeiro nível de segurança que simplesmente autoriza o utilizador a utilizar o cartão. O cartão contém uma palavra-passe de uso único que é utilizada para aceder à rede da empresa durante um período de tempo limitado. A palavra-passe é sincronizada com um servidor central do cartão de segurança situado na rede. Os cartões de segurança são geralmente utilizados por teletrabalhadores e utilizadores móveis. Não são normalmente utilizados para aceder à rede local.

7.1.3 Autorização

A autenticação regula quem pode aceder e entrar nos recursos da rede, enquanto a autorização especifica o que o utilizador pode fazer depois de ter acedido aos recursos. A autorização concede privilégios e acesso especial a processos e utilizadores que tenham iniciado sessão. A autorização permite que um administrador de segurança controle diferentes partes de uma rede (por exemplo, directórios e ficheiros em servidores).

A autorização varia de utilizador para utilizador e depende em parte do departamento ou função do utilizador. Por exemplo, uma política pode estipular que apenas os empregados do departamento de RH estão autorizados a aceder aos dados salariais dos empregados que não gerem.

7.1.4 Contabilidade (auditoria)

Para analisar e avaliar de forma eficaz e produtiva a segurança de uma rede e responder a incidentes e actividades de segurança, devem ser estabelecidos procedimentos com regras específicas para a recolha e gestão dos dados relativos à atividade da rede. A recolha de dados de forma organizada e gerida é normalmente conhecida como contabilidade ou auditoria.

Para redes com políticas e regulamentos de segurança rigorosos, os dados de auditoria devem incluir e reter todas as tentativas necessárias para obter autenticação e autorização por uma pessoa de confiança. É particularmente importante registar o acesso "anónimo" ou "convidado" a servidores e redes públicas. Os dados devem também registar todas as tentativas dos utilizadores para alterar e modificar os seus direitos de acesso. Cada entrada no registo de auditoria deve ter um carimbo de data/hora para assinalar o selo.

7.1.5 Encriptação de dados

A encriptação é um processo ou tarefa em que os dados e as informações associadas são codificados para os proteger e impedir que sejam lidos por um utilizador ou destinatário anónimo. Um dispositivo de encriptação encripta e codifica os dados para que não possam ser lidos por ninguém antes de serem colocados numa rede. Um dispositivo de descodificação descodifica os dados, ou seja, descodifica o mesmo conjunto de informações antes de as transmitir a uma aplicação ou ao destinatário.

Um router, um servidor, um sistema final ou um dispositivo especializado pode atuar como um dispositivo de encriptação ou de desencriptação, o que significa que estes dispositivos têm estas funções pré-instaladas ou herdadas de nascença.

Os dados encriptados e codificados numa linguagem específica são geralmente designados por dados encriptados (ou simplesmente dados encriptados). Os dados não encriptados ou não seguros são designados por texto simples ou texto sem formatação.

A encriptação é uma caraterística de segurança útil para garantir a confidencialidade dos dados. Pode também ser utilizada para identificar o remetente dos dados. Embora a autenticação e a autorização devam também proteger a confidencialidade dos dados e identificar os remetentes, a cifragem é um bom elemento de segurança que pode ser implementado e utilizado nos casos em que os outros tipos de mecanismos de segurança falham.

7.1.6 Filtro de pacotes

O mecanismo de filtragem de pacotes é o processo de verificação e análise de pacotes para determinar se são aceitáveis ou não. Isto é feito através da definição de uma série de regras e directrizes.

Os pacotes são a coleção de dados que o remetente envia para um endereço específico. Os filtros de pacotes podem ser configurados em routers, firewalls e servidores para aceitar ou rejeitar pacotes de endereços ou serviços específicos.

Os filtros de pacotes alargam os mecanismos de autenticação e autorização. Ajudam a proteger os recursos da rede contra o acesso não autorizado, o roubo, a destruição e os ataques DoS.

Uma política de segurança deve especificar se os filtros de pacotes implementam uma ou outra das seguintes políticas:

- Rejeitar certos tipos de pacotes e aceitar todos os outros
- Aceitar certos tipos de pacotes e recusar todos os outros

A primeira política exige um conhecimento profundo das ameaças e definições de segurança específicas e pode ser difícil de implementar e aplicar. A segunda política é um pouco mais fácil e eficiente de implementar e mais segura porque o administrador de segurança não tem de prever e analisar os ataques futuros para os quais os pacotes devem ser negados ou descartados. A segunda política é também mais fácil de testar porque existe um número finito de utilizações aceites da rede.

A segunda diretriz, a aceitação de certos tipos de dados, só pode ser bem implementada se os requisitos da rede forem bem compreendidos. O projetista da rede deve colaborar e coordenar-se com o administrador e os analisadores de segurança para identificar e determinar que tipos de pacotes devem ser aceites.

7.1.7 Firewalls

Uma firewall pode ser vista como uma ferramenta de hardware e software que protege o ambiente de rede contra ataques e sequestro por serviços e ataques potencialmente indesejados.

Um dispositivo que impõe políticas de segurança entre duas ou mais redes. Uma firewall pode ser um router, hardware especializado ou software executado num PC ou num sistema UNIX ou em qualquer sistema operativo. As firewalls são particularmente importantes e essenciais na fronteira entre a rede da empresa e a Internet, o que significa que são necessárias para gerir o tráfego entre a World Wide Web e a rede local.

Uma firewall tem um conjunto de regras e condições a serem especificadas e geridas que controlam o tráfego. Permite o envio e a receção de pacotes de dados e de tráfego. Uma firewall com filtro de pacotes estático e sem estado analisa os pacotes individuais e está optimizada para ser rápida e fácil de configurar.

Uma firewall pode seguir as sessões de comunicação e permitir ou negar o tráfego de forma mais inteligente e eficaz com as suas regras definidas. Por exemplo, uma firewall com estado pode lembrar-se de que um cliente de protocolo ou o utilizador dedicado necessita de acesso à Web e pretende descarregar dados a 20 Mbps, permitindo então a sessão e gerindo a ligação segura e eficiente para que o utilizador não seja interrompido e possa trabalhar sem problemas.

A categorização das várias ameaças à segurança das redes sem fios é apresentada na figura seguinte.

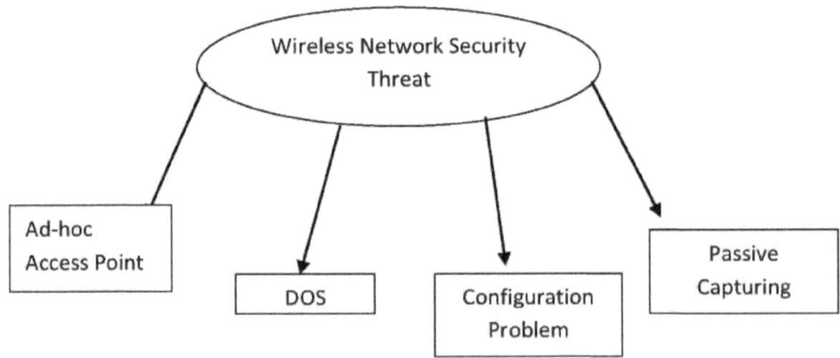

Fig. 4: Ameaças à segurança das redes sem fios

7.1.8 Rede ad-hoc

É uma rede formada e concebida para uma ação rápida e para concluir uma tarefa num período de tempo mais curto. Os atacantes podem induzir os utilizadores a confiarem mais nos dispositivos legítimos ligados a um ponto de acesso do que no ponto de acesso legítimo. Os pontos de acesso clandestinos são utilizados para enganar os utilizadores que se encontram dentro do alcance de uma LAN sem fios. Os atacantes podem ligar os seus pontos de acesso e outros dispositivos a esta porta e enganar outros sistemas/dispositivos para que se liguem e obtenham acesso através do ponto de acesso não autorizado.

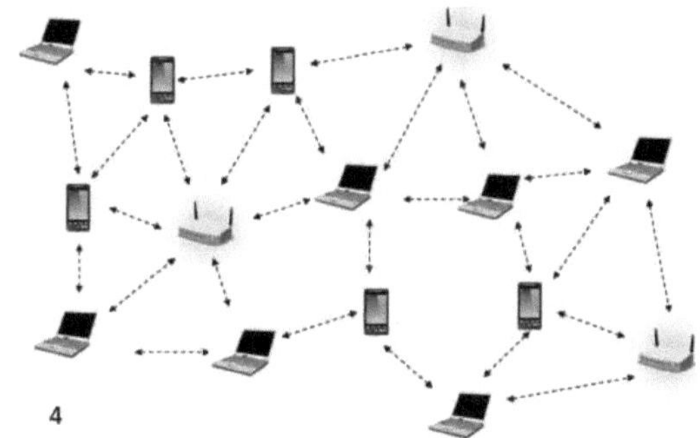

4

Fig. 5: Rede ad hoc

7.1.9 Negação de serviço

Num ataque de negação de serviço (DoS), um atacante tenta impedir que utilizadores legítimos acedam a informações ou serviços, como mostra a Figura 6. Ao visar o seu computador e a sua ligação de rede, ou os computadores e a rede dos sítios Web que está a tentar utilizar, um atacante pode impedi-lo de aceder a correio eletrónico, sítios Web, contas em linha (bancos, etc.) ou outros serviços que dependam do computador visado. Quando introduzimos um URL para um determinado sítio Web no nosso browser, enviamos um pedido ao servidor desse sítio Web para apresentar a página. O servidor só pode processar um determinado número de pedidos de cada vez. Se um atacante sobrecarregar o servidor com pedidos, este não conseguirá processar o seu pedido. Trata-se de uma "negação de serviço" porque o acesso a este sítio Web não é possível.

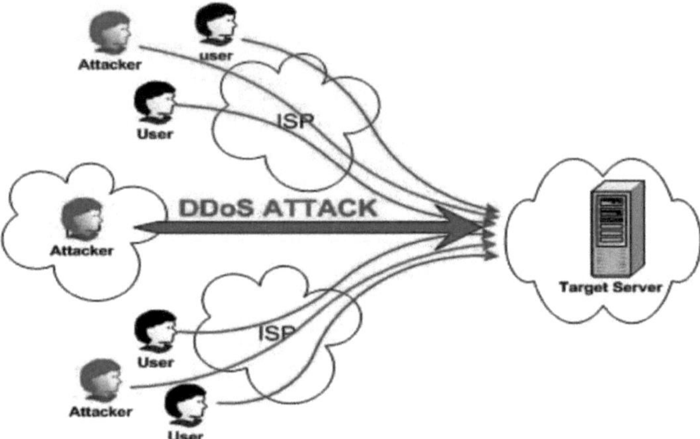

Fig. 6: Ataques DDOS numa rede

7.1.10 Problema de configuração

Muitos dispositivos de rede têm definições predefinidas que dão prioridade ao desempenho ou à facilidade de instalação, sem ter em conta os aspectos de segurança. Se não se tiver o cuidado de corrigir estas definições durante a instalação, podem surgir problemas graves. Os problemas de configuração mais comuns são os seguintes:

- Listas de controlo de acesso ineficazes que não bloqueiam o tráfego pretendido
- Palavras-passe predefinidas, em falta ou antigas
- Portas ou serviços desnecessários permanecem activos
- IDs de utilizador e palavras-passe trocadas em texto simples
- Acesso remoto fraco ou desprotegido através da Internet ou de serviços de ligação telefónica

Ao monitorizar os anúncios e avisos dos fornecedores em conjunto com os serviços de notícias do sector, podem ser identificadas as vulnerabilidades mais comuns e conhecidas, que muitas vezes incluem uma solução alternativa correspondente. A Figura 7 abaixo mostra um exemplo de uma configuração na rede.

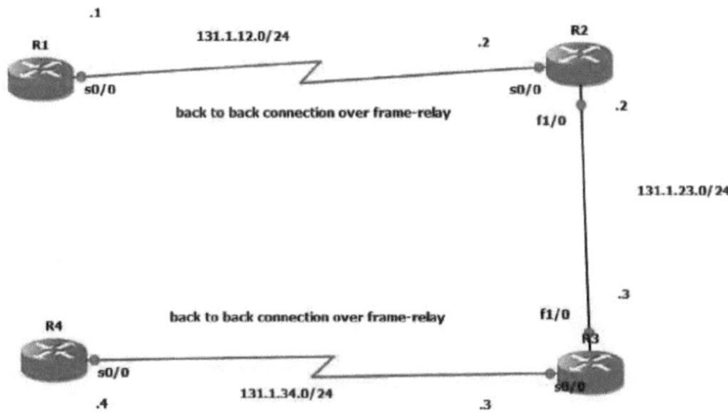

Fig. 7: Configuração na rede

7.1.11 Registo passivo

Os ataques activos aos computadores utilizam informações recolhidas durante um ataque passivo, como IDs de utilizador e palavras-passe, ou um ataque direto utilizando "instrumentos contundentes" tecnológicos. Estes instrumentos incluem crackers de palavras-passe, ataques de negação de serviço, ataques de phishing por correio eletrónico, worms e outros ataques de malware. Num ataque ativo, o atacante tem como objetivo fazer cair um sítio Web, roubar informações ou mesmo destruir equipamento informático. Enquanto os administradores de rede instalam salvaguardas contra as ferramentas de ataque existentes, os piratas informáticos estão a desenvolver ferramentas mais sofisticadas e o jogo do salto tecnológico continua. A figura 8 abaixo mostra a comunicação passiva.

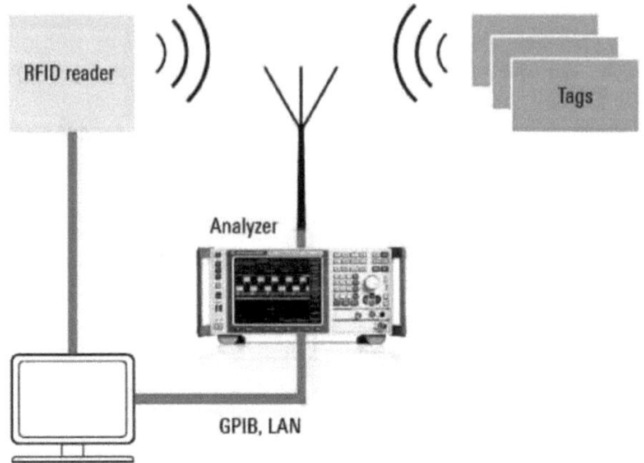

Fig. 8: Comunicação passiva

7.1.12 MASCARAMENTO DE DADOS

O mascaramento de dados é um método de criação de uma versão estruturalmente semelhante, mas não autêntica, dos dados de uma organização, que pode ser utilizada para fins como o teste de software e a formação de utilizadores (ver Fig. 9). O objetivo é proteger os dados reais e, ao mesmo tempo, ter um substituto funcional para situações em que os dados reais não são necessários.

Fig. 9: Comunicação passiva

7.1.13 Eliminação de dados

O apagamento de dados é a remoção lógica de dados de um suporte de leitura/escrita, de modo a que deixem de poder ser lidos. É um processo não destrutivo que permite que o suporte de dados seja reutilizado em segurança sem perda de capacidade de armazenamento ou perda de dados (ver Fig. 10), quer externamente, ligando o suporte de dados a um dispositivo de apagamento de hardware, quer internamente, arrancando um PC a partir de um CD ou de uma rede.

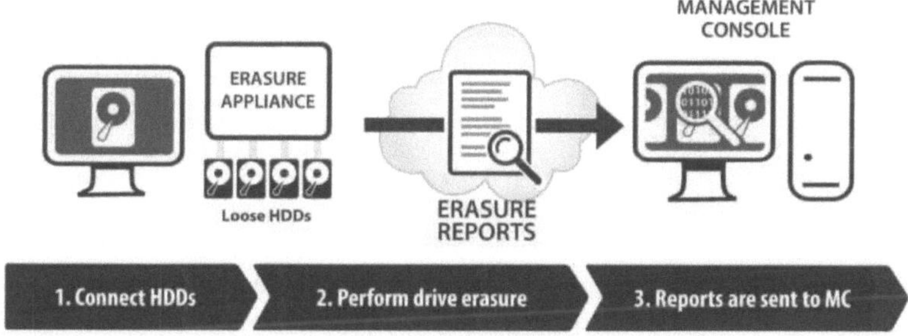

Fig. 10: Eliminação de dados

8. ESTUDOS DE CASO

8.1 Estudo de caso 1 (Rússia - os sistemas informáticos foram congelados)

A Rússia voltou a encontrar-se no centro de um escândalo mundial de pirataria informática, quando os sistemas informáticos de todo o mundo foram paralisados por uma variante do malware conhecido como WannaCry. Mas, desta vez, os russos estavam entre as vítimas e não eram suspeitos de serem os autores. De facto, de todos os países afectados pela primeira vaga do malware, a Rússia foi o mais atingido: De acordo com uma análise da "Kaspersky Lab, uma empresa russa de antivírus", o vírus infectou mais computadores na Rússia do que em qualquer outro lugar.

Enquanto os computadores do governo caíam, os bancos, os operadores de telemóveis e os caminhos-de-ferro da Rússia ripostaram. Os ataques tinham por objetivo congelar os seus sistemas e exigir um resgate para libertar os dados. Vítimas de um ataque informático, as autoridades russas reagiram rapidamente com indignação.

"A humanidade está a lidar com o ciberterrorismo", afirmou Frants Klintsevich, vice-presidente da comissão de defesa do Senado russo. A notícia foi divulgada pela agência noticiosa estatal Tass. "É um sinal alarmante, e não apenas um sinal, mas uma ameaça direta ao funcionamento normal da sociedade e a importantes sistemas de apoio à vida".

Os investigadores informáticos não conseguiram determinar a origem do ataque de "ransomware", mas Klintsevich afirmou que os piratas informáticos tinham em mente um alvo global. O software malicioso, ou malware, foi aparentemente roubado do arsenal de armas cibernéticas da Agência Nacional de Segurança e utilizado por piratas informáticos desconhecidos. [thth]Começou a espalhar-se rapidamente em 12 e 14 de maio de 2017; o ataque afectou 200 000 computadores em mais de 150 países. Segundo a Europol, a agência policial da União Europeia, o ataque foi um dos ataques informáticos mais mediáticos desde que os peritos em segurança e as agências de informação americanas acusaram os piratas informáticos de tentarem influenciar o resultado das eleições presidenciais americanas de 2016 e as recentes eleições presidenciais em França, em nome do governo russo.

As autoridades russas negaram o envolvimento na violação de servidores pertencentes ao Comité Nacional Democrata ou a outros actores políticos para ajudar a eleger Donald J. Trump no ano passado. Também negaram a culpa nos esforços desenvolvidos este mês para divulgar dados privados roubados da campanha de Emmanuel Macron em França.

8.2 Estudo de caso 2 (roubo de dados de clientes do eBay)

[th]A EBay Inc. acreditava inicialmente que os dados dos seus clientes estavam

seguros até os investigadores forenses examinarem e divulgarem uma vulnerabilidade da rede descoberta no início de maio, disse um executivo sénior à Reuters em 14 de maio.

O eBay foi criticado pela forma como lidou com o ataque informático em que piratas informáticos acederam aos dados pessoais de 145 milhões de utilizadores, o que o torna um dos maiores ataques a uma empresa até à data. Os piratas informáticos tiveram acesso aos endereços de correio eletrónico e às palavras-passe encriptadas de todos os utilizadores da eBay. Na sequência deste incidente, os três estados norte-americanos investiram nas práticas de segurança da empresa. Os clientes queixaram-se nas redes sociais do atraso das notificações por correio eletrónico. O Procurador-Geral de Nova Iorque instou o eBay a oferecer serviços gratuitos de monitorização do crédito aos utilizadores.

8.3 Estudo de caso 3 (O maior ataque de ransomeware de todos os tempos)

O ataque malicioso "ransomeware" tomou conta de computadores em todo o mundo na sexta-feira, 12 de maio de 2017, com milhões de pessoas a regressarem ao trabalho - e a terem de descobrir da forma mais difícil se foram afectadas. afectados .

Enquanto grande parte do mundo ainda está a recuperar da intrusão digital que impediu as pessoas de receberem tratamento nos hospitais, uma segunda vaga daquilo a que as autoridades europeias chamaram "o maior ataque de ransomeware de sempre" pode ter consequências devastadoras. "Vão ligar os seus computadores de manhã e descobrir se estavam protegidos ou não", disse James Barnett, especialista em segurança da Venable e contra-almirante reformado da Marinha.

O software, que inicialmente afectou o Serviço Nacional de Saúde do Reino Unido antes de se espalhar por 150 países, bloqueou os computadores das vítimas e ameaçou apagar os seus ficheiros, a menos que pagassem 300 dólares americanos. O ataque visava principalmente os utilizadores do Windows XP, um sistema operativo obsoleto para o qual a Microsoft deixou de dar apoio em 2014. Os investigadores de segurança tentaram travar o ataque instalando o software chamado "Kill Switch", mas esta vitória foi de curta duração, uma vez que o software, conhecido como WannaCry ou Wanna Decryptor, é suscetível de ser modificado em breve e espalhar-se numa forma ligeiramente diferente.

O WannaCry pode ainda espalhar-se numa forma ligeiramente diferente .

Para a equipa de TI e os investigadores de segurança, o episódio destaca o desafio de combater um inimigo em constante mudança, cujos motivos raramente são claros. O WannaCry é um exemplo de um ataque de grande visibilidade que não foi previsto. Muitos computadores públicos têm o Windows XP instalado e podem ser vulneráveis ao malware se os administradores de TI não tiverem descarregado os patches de segurança adequados. Como resultado, o governo instruiu a Marinha a mudar rapidamente do Windows XP para o Windows 10 por motivos de segurança. Num blogue, Brand Smith, Chief Legal Officer da Microsoft, afirmou que o incidente realça os perigos da acumulação de armas digitais e apelou a uma "Convenção de Genebra digital" para regular a sua utilização. "Os governos de todo o mundo deveriam ver este ataque como um alerta: "Têm de adotar uma abordagem diferente e respeitar as mesmas regras no ciberespaço que se aplicam às armas no mundo físico".

9.RESUMO

Empresas como a eBay, a Sony, a Gaana.com e várias outras foram pirateadas por um grupo de crackers para obter informações vitais dos seus empregados e outros dados importantes. Houve numerosos casos em que uma empresa foi completamente destruída por pirataria informática ou violação de informações confidenciais. É evidente que a cibersegurança ou a computação segura continua a ser uma questão importante que tem de ser abordada. O capítulo anterior tratava da segurança das redes domésticas e de escritório, bem como da segurança das redes empresariais/industriais, especialmente das intranets das empresas e das universidades e de muitas outras áreas em que o risco de ataque é demasiado elevado. Como se pode ver e julgar, dependendo das necessidades e dos requisitos, o produto para proteger os dados deve ser sempre selecionado de modo a cumprir os requisitos e o lema.

REFERÊNCIAS

- Brenda K. Wiederhold(2014).The role of Psycology in enhancing Cybersecurity:*CyberPsychology,Behaviour and Social Networking*,17(2),1-2.
- Steven Powell e Frederick Gallegos (2016): Strategies for securing Wide Area Networks. Recuperado em 8 de maio de 2017, disponível em www.ittoday.info/AIMS/DSM/8701461.pdf.
- HerbLin(2016).An Evolving Research Agenda in *Cyber* Policy and Security: *Cyber Security Research Developments-Global and Indian Context disponível em cisac.fsi.stanford.edu/content/evolving-research-agenda-cyber-policy-and-security.*
- http://searchsecurity.techtarget.com/definition/hacker{definição de pirataria informática}
- http://hackingvscrackingb31.blogspot.in/{hacking vs cracking}
- https://en.wikipedia.org/wiki/Hacker{Descrição do Haker}
- http://www.spamlaws.com/data-security-importance.htmKthreats na era moderna }
- https://en.wikipedia.org/wiki/Threat (computer){threats in the modern age}
- https://en.wikipedia.org/wiki/Threat (Computer){Data Ameaças à segurança Definição}
- http://scsonline.georgetown.edu/programs/masters-technology-management/resources/top-threats-to-information-technology{data security threats}
- http://www.bullguard.com/bullguard-security-center/pc-security/computer-threats/malware-definition,-history-and-classification.aspx{malware threats}
- http://www.networkmonitoring.org/network-security-threats/{Ameaças baseadas na rede}
- http://security.blogoverflow.com/2012/08/confidentiality-integrity-availability- os-tres-componentes-da-triade-cia/{CRYPTOGRAPHY}
- https://en.wikipedia.org/wiki/Cryptography{cryptography}
- https://www.acunetix.com/vulnerabilities/{Ameaças a aplicações Web}

❖ https://afourtech.com/most-common-web-application-security-threats/ {Ameaças a aplicações Web}

❖ https://www.google.co.in/search?q=attacks+in+cyber+security&rlz=1C1RLNS enIN683IN683&source=lnms&tbm=isch&sa=X&ved=0ahUKEwjSysXitf HTAh WIvo8KHfyHBQ8Q AUIDCgD&biw=1298&bih=702#imgdii=qsfU9T GRgwG- M:&imgrc=0c1MggF0-IZnbM:{image}

❖ http://searchsecurity.techtarget.com/definition/encryption

❖ http://economictimes.indiatimes.com/definition/decryption

Criptografia e segurança de redes por Behrouz A. Forouzan

❖ https://www.google.co.in/search?q=data+masking&rlz=1C1RLNS enIN683IN 683&source=lnms&tbm=isch&sa=X&ved=0ahUKEwjP5pbfuvHTAhUILo8 KHS q1CqAQ AUICygC&biw=1298&bih=702#imgrc=OjrSPm94QJvG5M:

❖ http://searchsecurity.techtarget.com/definition/data-masking

❖ https://www.google.co.in/search?q=Data+Erasure&rlz=1C1RLNS enIN683IN 683&source=lnms&tbm=isch&sa=X&ved=0ahUKEwj17YrGu HTAhUHQo8KH dP-A MQ AUICygC&biw=1298&bih=702#imgrc=gk26Garw-xhovM

❖ http://www.gartner.com/it-glossary/data-wiping

❖ https://www.nytimes.com/2017/05/14/world/europe/russia-cyberattack-wannacry-ransomware.html

❖ http://www.businessinsider.in/Cyber-Thieves-Took-Data-On-145-Million-eBay- customer-by-hacking-3-company-employees/articleshow/35630666.cms

❖ http://www.ndtv.com/world-news/security-experts-brace-for-second-wave-of- maior-ataque-de-ransomware-de-sempre-1693500

PERFIL DO AUTOR

A Dra. Shaveta Bhatia, Professora Associada do Departamento de Aplicações Informáticas da Universidade Internacional Manav Rachna, Faridabad, trabalha na organização há 13 anos. Obteve o doutoramento em 2015, o mestrado em ciências da computação na Universidade Mission Vinayka em 2009 e o mestrado em ciências da computação na Universidade de Kurukshetra em 2003. As suas áreas de interesse são a computação móvel, a conceção de sítios Web, a arquitetura de sistemas informáticos, a cibersegurança e os sistemas de gestão de bases de dados. Participou em várias conferências nacionais e internacionais e está ativamente envolvida em vários projectos. Atualmente, orienta quatro estudantes de doutoramento. É revisora de várias revistas nacionais e internacionais. Foi presidente de sessão e perita em várias instituições. Publicou mais de 22 artigos em revistas nacionais e internacionais.

Índice

Printed by Books on Demand GmbH, Norderstedt / Germany